KB146482

눌지왕은 박제상을 고구려와 왜에 보내
볼모로 간 두 동생들을 구해 오게 하고,
백제와 나·제 동맹을 맺어 화친 정책을 폈어요.
자비왕은 잦은 왜구의 침입에 시달렸지만,
성을 튼튼히 쌓고, 전함을 수리하는 등
국방을 강화하여 왜군의 침입을 막아 냈어요.
어떻게 신라가 나라 안팎으로 다시 일어설 수
있는 발판을 마련했는지 살펴볼까요?

추천 감수 박현숙(고대사)

고려대학교 사범대학 역사교육과를 졸업하고 동 대학원에서 문학박사 학위를 받았습니다. 현재 고려대학교 사범대학 역사교육과 교수로 재직 중이며, 백제 문화와 고대 인물사 등에 대한 활발한 연구를 계속하고 있습니다. 쓴 책으로 〈백제의 중앙과 지방〉, 〈한국사의 재조명〉 등이 있습니다.

추천 감수 정구복(고려사 · 조선사)

서울대학교 사범대학 역사교육과를 졸업하고 서강대학교에서 문학박사 학위를 받았습니다. 한국학중앙연구원 한국학대학원의 교수로 재직 중이며, 한국학중앙연구원 한국학대학원 원장을 역임하였습니다. 쓴 책으로 〈한국인의 역사 의식〉, 〈역주 삼국사기〉, 〈한국 중세 사학사 1, 2〉 등이 있습니다.

추천 감수 김한종(근현대사)

서울대학교 사범대학 역사교육과를 졸업하고 동 대학원에서 역사교육을 전공하여 문학박사 학위를 받았습니다. 현재 한국교원대학교 교수로 재직 중입니다. 쓴 책으로 〈역사 교육 과정과 교과서 연구〉, 〈역사 교육의 내용과 방법〉(공저), 〈한 · 중 · 일 3국의 근대사 인식과 역사 교육〉(공저), 〈역사 교육과 역사 인식〉(공저) 등이 있습니다.

고증 문중양(과학사)

서울대학교 계산통계학과를 졸업하고 동 대학원에서 이학박사 학위를 받았습니다. 쓴 책으로 〈우리 역사 과학 기행〉, 〈우리의 과학문화재〉(공저), 〈세종의 국가 경영〉(공저) 등이 있습니다.

고증 정연식(생활사 및 복식)

서울대학교 국사학과를 졸업하고 동 대학원에서 문학박사 학위를 받았습니다. 쓴 책으로 〈조선 시대 사람들은 어떻게 살았을까?〉(공저), 〈일상으로 본 조선 시대 이야기 1, 2〉 등이 있습니다.

글 박영규

1996년 밀리언셀러 〈한권으로 읽는 조선왕조실록〉을 출간한 이후 〈한권으로 읽는 고려왕조실록〉, 〈한권으로 읽는 백제왕조실록〉, 〈한권으로 읽는 신라왕조실록〉 등 '한권으로 읽는 역사 시리즈'를 펴내면서 쉽고 재미있는 역사책 읽기의 바람을 일으켰습니다. 그 외에도 〈교양으로 읽는 한국사〉 등의 많은 역사책을 썼습니다.

그림 김광배

서울교육대학교를 졸업하고 국정 교과서와 신문에 삽화를 그렸습니다. 국제미술교류전과 IPC 88 국제전에 초대 출품을 하였으며, 1991년 한국 동화 그림 초대전을 개최하였습니다. 현재 프리랜서 일러스트레이터로 활동하고 있으며, 그린 책으로 〈단군 신화〉, 〈사씨 남정기〉, 〈홍길동전〉, 〈구운몽〉 등이 있습니다.

이미지 제공

연합포토, 중앙포토, 국립중앙박물관, 국립부여박물관, 국립경주박물관, 국립민속박물관, 유연태(사진작가), 허용선(사진작가)

광개토 대왕 이야기 한국사 26 신라

신라, 왜에 당당히 맞서다

총기획 및 발행인 박연환
발행처 (주)한국헤르만헤세
출판등록 제17-354호
연구개발원 경기도 성남시 분당구 금곡동 444-148
대표전화 (031)715-7722
팩스 (031)786-1100
본사 서울시 송파구 석촌동 7-3
대표전화 (02)470-7722
팩스 (02)470-8338
고객문의 080-715-7722
편집 임미옥, 백영민, 윤현주, 지수진, 최영란
디자인 장월영, 주문배, 김덕준, 김지은

ⓒ Korea Hermannhesse

이 책의 저작권은 (주)한국헤르만헤세에 있습니다. 본사의 동의나 허락 없이는 어떠한 방법으로도 내용이나 그림을 사용할 수 없습니다.

△ 주의 : 본 교재를 던지거나 떨어뜨리면 다칠 우려가 있으니 주의하십시오.
고온 다습한 장소나 직사광선이 닿는 장소에는 보관을 피해 주십시오.

이 책의 표지는 일반 용지보다 1.5배 이상 고가의 고급 용지인 드라이보드지를 사용해 제작하였습니다. 표지를 드라이보드지로 제작하면 습기의 영향을 덜 받기 때문에 본문 용지가 잘 울지 않고, 모양이 뒤틀리지 않아 책을 오랫동안 보존할 수 있습니다.

이 책은 기존의 석유 잉크 대신 친환경 식물성 원료인 대두유 잉크를 사용하여 인쇄하였습니다. 대두유 잉크는 선진국에서 널리 사용하고 있는 고가의 대체 잉크로, 휘발성이 적어 인쇄 상태의 보존이 용이하고, 인체에 무해할 뿐만 아니라 눈에 부담을 주지 않는 자연스러운 색을 내는 특징이 있습니다.

광개토대왕

26
★
신라

신라, 왜에 당당히 맞서다

감수 박현숙 | 글 박영규 | 그림 김광배

한국헤르만헤세

볼모로 간 동생들을 구해 낸 눌지왕

충신 박제상, 눌지왕의 근심을 덜어 주다

눌지는 417년 5월에 신라 제19대 왕이 되었어요. 눌지왕은 삼촌인
실성왕 때문에 오랫동안 적국에 가 있는 동생들이 안쓰러웠어요.
눌지왕은 신하들을 불러 이 문제를 의논했어요.

"고구려에는 복호가, 왜에는 미사흔이 볼모로 가 있소.
이제는 데려올 때가 된 것 같은데, 왜와 고구려가 가만히
있지 않을 것 같아 걱정이오. 좋은 방법이 없겠소?"

신하들이 대답했어요.

"고구려와 왜의 왕을 설득해야 하니 외교를 잘하는 사람이어야
하지 않겠습니까? 수주촌에 사는 벌보말과 일리촌의 구리내,
이이촌의 파로가 사람의 마음을 잘 움직이는 재주가 있다고 합니다."

세 사람은 모두 마을의 촌장들로, 경험이 풍부하고 사람의
생각을 잘 읽어 존경을 받고 있었어요.

"어서 그들을 데려오라."

눌지왕은 마을 촌장들에게 물었어요.

"누가 나서서 그들을 구출해 오겠는가?"

하지만 아무도 나서려고 하지 않았어요.

"저희는 우물 안 개구리일 뿐입니다.

정말 뛰어난 사람은 삽량주에 사는 박제상이옵니다."

"그래? 그렇다면 그를 불러오라."

눌지왕을 만난 박제상은 선뜻 왕의 명령을 받아들였어요.

"제가 비록 모자라나, 반드시 왕자님들을 구출해 오겠습니다."

박제상은 먼저 장수왕이 다스리는 고구려로 떠났어요.
박제상은 장수왕 앞에 나아가 공손하게 인사했어요.
"바다 건너에서 왜가 우리를 노리고 있으나, 고구려가 있어
얼마나 든든한지 모릅니다.

그런데 우리 왕께는 큰 근심이 하나 있습니다."
"무슨 근심인고? 내가 해결할 수 있는 일인가?"
"대왕께서만 풀어 주실 수 있는 일입니다.
눌지왕에게 남은 동생이라고는 복호와 미사흔 왕자
뿐입니다. 동생들 걱정에 밤잠을 못 주무시니 복호
왕자를 신라로 돌려보내 주십시오."
장수왕은 눈살을 찌푸렸어요.
"어허, 복호가 고구려에 머무는 것은 두 나라 간의
화친을 위해서가 아닌가!"
이에 박제상이 대답했어요.
"나라 간의 화목은 도리와 성실이라고 배웠습니다.
마음으로 돕는 것이 아니라면 그야말로 서로를
어찌 믿겠습니까?"
박제상은 장수왕이 자존심이 센 사람이라는 것을
잘 알고 그 점을 이용했어요.
"게다가 대왕께서 작은 나라에서 데려온 볼모를
풀어 주었다는 사실이 알려지면 천하의 모든 나라가
대왕의 덕을 우러러볼 것입니다."
장수왕은 박제상의 뛰어난 말솜씨에
마음이 움직였어요.

"그대의 말에 틀린 것이 하나도 없다.

내 그대의 나라를 한번 믿어 보도록 하겠다. 복호를 데려가도록 하라."

박제상이 복호를 데리고 돌아오자 눌지왕은 기뻐서 어쩔 줄을 몰랐어요.

하지만 곧 다시 슬픔에 빠졌어요.

"복호를 보니 미사흔 생각이 더욱 간절해지는구나."

박제상은 이번에는 왜로 가서 미사흔을 구해 오겠다고 했어요.

왜는 고구려와 달리 오랫동안 다투어 온 나라여서 살아서

돌아올 수 없을지도 몰랐어요.

박제상은 숨을 크게 한번 몰아쉬었어요.

"제게 반역죄를 씌우고 그 소식이 왜까지 들어가도록

해 주십시오.

그래야 왜인들이 저를 믿을 것입니다.

저는 그들이 방심한 틈을 타 왕자님을 구하겠습니다."

박제상의 말에 눌지왕은 깜짝 놀랐어요.

"알겠다. 그대의 충정이 고맙고도 미안하구나."

눌지왕은 곧 박제상이 반역을 꾀하다 붙잡혀 사형을 당할

것이라는 방을 금성 곳곳에 붙이도록 명했어요.

박제상은 며칠 몸을 숨기고 있다가 곧장 왜로

건너가 왜왕을 찾아갔어요.

"저는 서라벌의 왕에게 맞섰다가

이렇게 쫓기는 신세가 되었습니다.

왕께서는 너그럽고 인재를

잘 알아보신다 하여

찾아왔습니다."

박제상은 목숨을 아까워하지 않는구나.

눌지왕은 곁에 이런 신하가 있어서 든든했겠다.

11

하지만 왜왕은 박제상을 쉽게 믿지 않았어요.

"그대는 신라의 왕에게 인정받던 신하가 아니었느냐?

무엇이 부족하여 왕에게 맞섰단 말이냐?

그대의 말을 믿을 수가 없구나."

이때 박제상에게 도움이 되는 일이 벌어졌어요.

박제상이 도착하기 얼마 전, 백제
사람이 왜왕을 만나러 온 적이
있었어요. 그는 신라와 고구려가
힘을 합쳐 왜를 공격하려 한다는
거짓말을 하여 왜가 백제를 돕게
하려고 했지요.
그래서 왜왕은 그 말이 사실인지

▲ 박제상과 그 아내를 기리기 위해 세운 사당

알아보기 위해서 아무도 몰래 신라에 사람을 보냈어요.

그런데 그 사람은 신라의 사정을 알아보기도 전에, 신라에 와 있던
고구려군에게 목숨을 잃고 말았어요.

이 일 때문에 왜왕은 백제 사람의 말을 믿게 되었지요.

'고구려까지 힘을 합치면 우리가 매우 위험해질 것이다.

앉아서 당할 바에는 차라리 우리가 먼저 신라를 공격해야겠다.'

예전에 길을 잘 몰라 크게 패한 적이 있던 왜왕은 신라의 지리를

잘 알고 있는 사람이 필요했어요.

그때 마침 박제상이 나타났던 거예요.

왜왕은 박제상을 믿어 보기로 했어요.

왜왕은 신라로 군대를 보내면서 박제상과 미사흔도 함께 보냈어요.

왜군은 신라에서 멀지 않은 섬에 모여 공격 준비를 했어요.

왜왕과는 달리 장수들은 박제상과 미사흔을 믿지 못했어요.

▲ 쓰시마 섬에 있는 박제상 순국비

박제상은 왜군 장수들의 의심을 풀기 위해서 매일같이 미사흔과 놀러 다녔어요. 박제상의 여유로운 모습을 본 왜군 장수들은 점차 의심을 풀기 시작했어요.

"박제상은 속도 편하군. 우리가 자기 나라를 공격하려고 하는데도 저리 태평할 수가 있나. 정말 신라의 왕과 갈라섰나 보군."

왜인들이 어느 정도 자신을 믿는 것 같아 보이자,

박제상은 계획을 실행에 옮기기로 했어요.

그는 미사흔을 찾아가 낮은 목소리로 말했어요.

"저는 사실 왕자님을 구하러 왔습니다.

제가 뒷일을 책임지겠사오니, 지금 당장 신라로 도망가십시오."

"왜에 살면서 언제 죽을지 몰라 항상 불안했는데,

형님이 왕위에 오르셨다는 소식을 듣고 돌아갈 날만 손꼽아 기다렸소.

그대도 나와 함께 갑시다."

하지만 박제상은 고개를 절레절레 저었어요.

"저까지 떠나면 왜인들이 금방 눈치챌 것입니다."

결국 미사흔은 눈물을 흘리며 미리 준비된 배를 타고 신라로 떠났어요.

박제상은 미사흔의 방에서 자다가 다음 날 늦게 일어났어요.

자신이 미사흔인 척하며 시간을 벌기 위해서였지요.

평소와는 다르게 박제상이 늦게 나오자 왜인들이 물었어요.

"어찌 이렇게 늦게 일어나셨소? 몸이 안 좋으시오?"

"어제 오래 배를 탔더니 멀미를 했나 봅니다.

왕자님께서도 피곤하신지 일어나지 못하는구려."

▲ 박제상 영정

왜인들은 전날 뱃놀이를 하다가 일찍 돌아왔는데, 배를 오래 타서 피곤하다고 하니 의심이 들었어요.
그래서 미사흔이 자고 있는지 확인하기 위해 방으로 들어가려고 하자 박제상이 얼른 앞을 가로막으며 말했어요.

"무례하구려. 아무리 볼모라고는 하나, 한 나라의 왕자이니 예의를 차려야 하지 않겠소?"

왜인들은 머쓱해져서 그냥 돌아갈 수밖에 없었지요.

해가 질 무렵이 되어서도 미사흔이 밖으로 나오지 않자 불안해진 왜인들은 미사흔 방의 문을 억지로 열고 들어갔어요.

방 안에는 미사흔 대신 박제상이 앉아 있었어요.

"미사흔은 어디로 갔소? 왜 하루 종일 보이지 않는 것이오?"

박제상이 껄껄 웃으며 대답했어요.

"왕자님은 이미 신라로 떠나셨소."

왜인들은 서둘러 미사흔을 뒤쫓았지만 날씨가 나빠 쉽게 따라갈 수 없었어요.

미사흔을 놓친 왜왕은 박제상에게 호통을 쳤어요.

"내가 널 믿었거늘, 어찌 미사흔을 빼돌렸느냐?"

박제상은 고개를 꼿꼿이 세운 채 대답했어요.

"나는 살아서도 죽어서도 신라의 신하입니다."
왜왕은 박제상이 괘씸했지만, 그 충성심만은 마음에 들었어요.
"네가 나의 신하가 되겠다고 하면 살려 주마."
"왜의 벼슬을 받고 좋은 옷을 입고, 좋은 음식을 먹느니
차라리 신라의 개, 돼지가 되겠소."
왜왕은 불같이 화를 내며 박제상을
불에 태워 죽이고 말았지요.

전 제 할 일을
다했을 뿐입니다.

내가 너를
믿었거늘….

17

박제상의 아내, 망부석이 되다

박제상은 고구려에서 눌지왕의 둘째 동생인 복호를 데리고 오는 데
성공하여 눌지왕의 총애를 한 몸에 받았어요.

하지만 눌지왕은 미사흔도 하루빨리 신라로 데려오고 싶었지요.

박제상은 눌지왕의 근심을 덜어 주기 위해 또다시 왜로 건너가기로
마음먹었어요.

박제상은 왜에 한번 가면 돌아오지 못할 것을 잘 알고 있었기 때문에
가족을 볼 엄두가 나지 않았어요.

'나는 죽으러 가는 길이다. 마지막 인사를 하러 간다 한들,

가족의 눈물만 보게 될 게 아닌가?

가족들이 슬퍼하는 모습을 보면 내 결심이 흔들릴지도 모른다.'

▲ 남편을 기다리다 그대로 죽어 돌이 되었다는 전설의 망부석

한편 박제상의 아내는 눈이 빠지게
남편을 기다리고 있었어요.

살아 돌아오지 못할 길이라는 걸
알고 있었기에 마지막 인사라도
나누고 싶었던 거예요.

박제상이 이미 떠났다는 소식을
듣고, 아내는 부리나케 율포
해변으로 달려갔지만 배는 이미
떠난 뒤였어요.

아내는 바닷가 모래밭에 앉아 한참 동안 울었어요.
나중에 박제상이 미사흔을 구하고 불에 타 죽었다는 소식을 들었지만,
아내는 믿을 수가 없었어요. 그래서 치술령이라는 높은 고갯마루에
올라가 매일같이 통곡을 하다가 그만 돌이 되고 말았답니다.

왜와의 전쟁에 늘 대비한 자비왕

자비왕, 왜에 맞서다

자비왕은 눌지왕의 맏아들이에요.

458년 8월에 눌지왕이 죽자 신라 제20대 왕이 되었어요.

눌지왕은 동생 미사흔을 탈출시킨 뒤부터 계속해서 왜에 시달렸어요.

미사흔이 탈출한 뒤에는 싸움을 벌이는 횟수가 늘었을 뿐만 아니라,

그 방법도 점점 더 잔인해졌어요.

눌지왕이 왜군을 물리치지 못하고 죽자, 자비왕도 끊임없이

전쟁에 시달려야 했어요.

자비왕은 왕위에 오른 지 얼마 뒤 왜와 싸우게 되었어요.

"동해 바다에 왜군의 배가 가득합니다."

"왜군이 월성을 둘러싸 버렸습니다.

얼마나 버틸 수 있을지 모르겠습니다."

자비왕은 먼저 월성에 군사들을 더 보내기로

결정했어요.

"군사들이 더 모일 때까지 절대 성문을 열지 마라.

왜군이 성벽을 오르지 못하게 막기만 하고 끝까지

버티도록 하라."

왜는 신라를
못 잡아먹어서
안달이군!

왜군은 멀리서 온 데다가 배가 가벼워서 식량을 많이 갖고 올 수 없었어요.

시간이 흐를수록 왜군이 불리해질 것이 분명했지요.

왜군의 약점을 알아챈 자비왕은 성을 지키는 데 온 힘을 쏟았어요.

자비왕은 왜군이 쉽게 식량을 구할 수 없도록 근처의 들판에 있는 곡식을 다 베고, 창고에 있는 곡식도 불태우거나 옮겨 놓았어요.

▲ 경상북도 경주시 인왕동에 있는 신라 시대의 성, 월성

왜군은 점점 굶주림에 지쳐 갔어요.

왜군 장수들은 어쩔 수 없이 돌아가기로 결정했어요.

신라에 쳐들어올 때는 기세가 하늘을 찌를 듯하던 왜군의
뒷모습은 초라하기만 했지요.

이때를 기다리던 자비왕은 군사들을 출동시켰어요.

"어서 왜군을 뒤쫓아라. 한 놈도 살려 두지 마라."

신라군은 함성과 함께 월성의 문을 열고 달려 나왔어요.

갑작스런 신라군의 공격에 왜군은 깜짝 놀랐지요.

"신라군이 뒤쫓아 온다. 어서 도망가자!"

왜군은 정신없이 바닷가를 향해 도망쳤어요.

하지만 길을 잘 아는 신라군을 따돌릴 수 없었지요.

결국 왜군은 군사의 절반을 잃고 물러갈 수밖에 없었어요.
왕이 된 후 첫 전쟁을 승리로 이끈 자비왕은 백성들로부터
칭송을 들었어요. 하지만 자비왕은 언제 다시 왜군이 쳐들어올지
몰라 마음을 놓을 수 없었지요.

백성들은 왜군의 침입에 이미 지칠 대로 지쳐 있었어요.

신하들도 전쟁이라면 지긋지긋했어요. 그러다 보니 신라에는

점차 왜와 화해를 해 평화롭게 지내자는 목소리가 커졌어요.

하지만 이에 반대하는 신하들도 많았어요.

"왜가 우리를 계속 공격하는 것은 눌지왕께서 볼모로 있던

미사흔 왕자님을 구출해 왔기 때문입니다.

왜와 화친을 맺자는 분들께 묻겠습니다.

미사흔 왕자님을 왜에 돌려보내자는 말씀이십니까?

미사흔 왕자님을 어떻게 구해 왔습니까? 충신 박제상께서

목숨을 버리면서까지 이뤄 낸 일 아닙니까?

어찌 그분의 뜻을 저버리고 왜에 고개를 숙일 수 있단 말입니까?"

"왜 그렇게만 생각하십니까? 왜왕을 달랠 방법을 찾아봐야지요.
백성들이 이렇게 고통받고 있는데 체면을 차리자고 전쟁을
계속할 수는 없는 일 아닙니까."
"무슨 말씀이오? 나라의 권위를 세우는 일이 전쟁을 그만두는
것보다 더 중요하오."
화친을 찬성하는 쪽과 반대하는 쪽 모두 팽팽하게 맞섰어요.
신하들을 가만히 지켜보던 자비왕이 입을 열었어요.
"조용히들 하시오. 미사흔 왕자를 왜에 보냈지만, 왜는 백제와
손을 잡고 우리에게 등을 돌리지 않았소?
나는 왜와 화친을 맺을 마음이 전혀 없소."
화친을 주장하던 신하들은 아무 말도 하지 못했어요.
자비왕은 자신의 뜻을 알리기 위해서 미사흔의 딸을
왕비로 맞아들였어요.

"왜에 맞서기 위해서는 박제상이 가졌던 마음가짐이
필요하다. 그는 아무리 위험한 상황에서도
용기를 잃지 않고 미사흔 왕자를 구해 냈다.
미사흔 왕자 또한 고마움을 잊지 않고 그 딸을
부인으로 맞이하였다.
나 또한 미사흔 왕자의 딸을 왕비로 맞이하여
그 정신을 계속 이어 갈 것이다."

자비왕의 생각은
변하지 않겠어.

왜와 화친을 주장했던 신하들은 자비왕이 못마땅했어요.

그들은 따로 세력을 이루어 자비왕이 하려고 하는 일마다 막아섰어요.

자비왕은 화친을 주장하는 신하들을 몰아냈어요.

462년 5월, 왜군은 금성을 둘러싸고 있는 명활산성을 다시

공격해 왔어요.

"저들이 고개를 숙일 때까지 계속 공격하라.

아예 금성을 차지하고 우리 땅으로 삼아도 좋다."

명활산성은 너무 쉽게 무너졌어요.

463년 2월에는 다시 삽량성을 공격해 왔어요.

신라군은 이 싸움에서 크게 이기기는 했지만, 왜군은 또다시

전쟁을 준비하고 있었어요.

강한 군대를 만들다

자비왕은 궁리 끝에 요새를 만들기로 했어요.

"왜군이 자주 침입하는 바닷가에 성을 쌓도록 하라. 그곳을 요새로 하여

군사들이 항상 지키도록 할 것이다."

요새가 갖추어지자 자비왕은 병사들을

해변으로 집중시켰어요.

예전처럼 가벼운 마음으로 바닷가에 배를

갖다 댄 왜군은 쭉 늘어선 성들을 보고

깜짝 놀랐어요.

왜군이 나타나자 성에 있던 신라군이 화살을

쏘기 시작했어요. 왜군은 배에서 채 내리기도

전에 목숨을 잃었어요.

왜군은 이 싸움에서 큰 피해를 입고 돌아갔어요.

자비왕은 왜군의 침략은 막았지만 천재지변은 막지 못했어요.

465년 4월, 큰 홍수가 나서 17개나 되는 산이 무너져 내렸고, 5월에는
메뚜기 떼가 덮쳐서 애써 지어 놓은 농사를 망쳤어요.

자비왕은 백성들을 위로하고 피해를 수습하는 한편, 군사를 훈련시키는
일도 게을리하지 않았어요.

"전함을 고치고, 새로 만들라."

신하들의 반대가 심하자 자비왕이 달래듯이 말했어요.

"지난 역사를 돌아보아도, 나라에 재난이 닥쳐 백성들을 돌보느라
정신이 없을 때마다 왜군이 침입해 왔었다.
홍수나 메뚜기 떼로 입은 피해는 시간이 가면 극복될 수 있지만,
왜군과의 전쟁에서 지게 되면 나라를 잃게 될 것이다."

나라가 어지러운데
어찌 배를 만들라는 거야?

자비왕이 철저하게 준비한 덕분에 바닷가 백성들은 근심을 덜었지만,

북쪽 지역 백성들이 괴로움을 당하게 되었어요.

이번에는 말갈과 고구려가 밀고 내려온 거예요.

"실직성이 고구려의 손에 넘어갔습니다."

실직성은 지금의 강원도 삼척에 있는 요새였어요.

그곳이 뚫리면서 강원도에 있는 신라 땅이 모두 빼앗길 위기에 놓였지요.

왜군을 막는 데만 힘을 쏟던 자비왕은 예상치 못한 고구려의 침입에

당황했어요.

"지금 우리에게 실직성을 되찾아 올 힘은 없다.
있는 땅이라도 잘 지켜 내는 것이 중요하다."

자비왕은 지금의 강릉인 하슬라 백성들에게 성을 쌓게 했어요.

고구려군은 금방 하슬라까지 밀고 내려왔어요.

신라군과 하슬라 주민들은 힘을 합쳐 고구려에 맞섰어요.

하지만 또다시 큰 홍수가 나서 백성들은 힘들게 살아야 했어요.

상황이 이쯤 되자 자비왕도 전쟁에만 신경을 쓸 수 없어

수레를 타고 홍수가 난 지역을 일일이 찾아다녔어요.

백성을 위로하면서 틈틈이 그 지방의 산세가 어떠한지, 길은 어디로

통하는지 알아보았어요.

자비왕은 그러면서 나름대로 전쟁 준비를 한 거예요.

▲ 고구려와 백제의 공격을 막기 위해 쌓은 삼년산성

"고구려와 말갈을 무시할 수가 없구나.
그들은 말을 타고 다니니 성을 쌓아
놓으면 쉽게 쳐들어오지 못할 것이다."
470년, 자비왕은 충청북도 보은에 산성을
쌓게 했어요. 이것이 삼년산성이에요.

이 성은 서쪽의 백제와 북쪽의 고구려를 동시에 막을 수 있는 천연의
요새였지요.

473년 7월에는 부서진 명활산성을 더욱 튼튼하게 고쳤어요.

이어서 일모성, 사시성, 광석성, 답달성, 구례성, 좌라성 등을 쌓았지요.

이제 신라는 물샐틈없이 요새로 둘러싸여 철벽 방어를

자랑하게 되었어요.

자비왕이 요새를 많이 지은 것은 왜뿐만 아니라 고구려의 침입도

막기 위해서였어요.

당시 고구려의 장수왕은 꾸준히 남쪽으로 밀고 내려와 475년 7월에는

백제의 도읍을 차지하고 개로왕의 목숨까지 빼앗았어요.

개로왕이 목숨을 잃었다는 소식에 자비왕은 두려워지기 시작했어요.

고구려를 이기지 못하면 자신의 목숨도 위태로울 수밖에 없었지요.

자비왕은 백제에 사신을 보냈어요.

"두 나라가 고구려에 힘없이 당할 수만은 없지 않겠습니까?

우리가 힘을 합칩시다."

자비왕은 백제와 손을 잡는 한편 계속해서 요새를 지어 나갔어요.
이렇게 고구려를 막는 준비에 한창이던 477년, 왜가 다시 전쟁
준비를 시작했다는 소문이 들려왔어요.

자비왕은 이 소식에 당황하기는커녕 오히려
기뻐했어요.

"이제야 우리 요새의 힘을 보여 줄 수 있겠구나.
왜군이 올 만한 길목에 군사를 보내라."
예전의 신라군은 왜군이 휩쓸고 간 뒤에 나타나
그들을 뒤쫓기에 바빴는데, 이제는 요새에 앉아
왜군이 공격하기를 기다리게 되었지요.
바닷가에 쭉 늘어선 신라의 요새를 본 왜군은
고개를 절레절레 흔들었어요.
신라군은 당황한 왜군을 어렵지

않게 물리쳤어요.

신라를 공격하는 일이 어려워지자
왜왕은 방법을 달리하기로 했어요.

"이제까지 신라를 너무 얕잡아 봤구나.
군대를 다섯으로 나누어 사방에서 공격해 들어가라."
하지만 신라의 바닷가에는 이미 많은 병사들이 요새를
지키고 있었고, 육지로 들어가는 길목마다 성이
세워져 있었지요.
왜군은 단단히 각오를 하고 바다를 건너왔지만,
신라의 철통같은 방어를 뚫을 수는 없었어요.

자비왕은 요새를 더 짓는 일 말고도 군사의 수를 늘리는 일에도 힘을
기울였어요.
이렇게 군대를 키우고 군사 훈련을 열심히 시킨 덕분에 자비왕은 왕위에
있는 내내 적들의 침략을 잘 막아 낼 수 있었으며, 백제에 뒤지지 않는
강한 모습을 갖추게 되었답니다.

백결 선생, 백성을 위로하다

자비왕이 나라를 다스리는 동안 왜와 고구려가 쉬지 않고 공격해
오는 바람에 나라에는 항상 전쟁의 기운이 가득했어요.
그런 중에도 오늘날까지 이름이 전해 내려오는 음악가가 있었어요.
바로 백결 선생이에요.
'백결'이란 '백 군데를 기운 옷'이라는 뜻이에요.

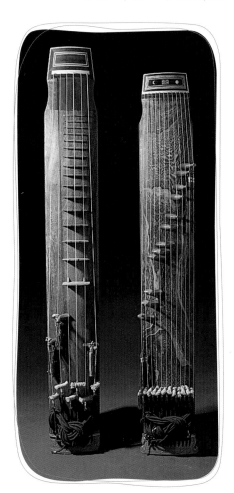

▲ 줄이 6개인 거문고와 12개인 가야금

백결 선생은 누덕누덕 기운 헌 옷을 입고 항상
거문고를 들고 다녔어요.
하지만 백결 선생이 본디부터 가난했던 것은
아니에요. 백결은 눌지왕 때의 충신 박제상의
막내아들이었어요.
신라의 왕은 물론이고 신하들까지 박제상을
존경했기 때문에 백결 선생은 편안하게 지낼 수
있었어요.
귀족의 딸과 혼인하여 꽤 높은 벼슬에도 오를
수 있었지요.
하지만 호화로운 생활이 몸에 맞지 않았던
백결 선생은 벼슬을 그만두고 고향으로
내려가 가난하게 살았어요.
새해가 얼마 남지 않은 때였어요.

이웃집에서 방아 찧는 소리에 아내가 한숨을 쉬었어요.

"새해는 다가오는데 먹을 것이 없으니 오늘 따라 저 방아 소리가
부럽습니다."

거문고를 뜯던 백결 선생이 손을 멈추고 아내를 달랬어요.

"죽고 사는 것은 운명에 있고, 잘살고 못사는 것은 하늘에
달려 있다고 하오. 이웃집 방아 소리가 그렇게 부럽다면,
내가 당신을 위해 곡식 찧는 소리를 내 주리다."

가난 속에서도 거문고를 타며 즐겁게 살았던 백결 선생은 힘겨운
삶에 지친 신라 사람들의 마음을 달래 준 위대한 음악가였어요.

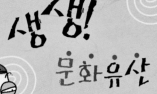

왕권 강화의 상징, 돌무지덧널무덤

돌무지덧널무덤은 신라 특유의 무덤이에요. 경주 일대에 산처럼 솟아 있는 이 무덤들은 신라가 내부적으로 국가의 틀을 완성하고 왕권을 확립한 내물왕부터 지증왕 시기에 만들어졌어요.

❀ 돌무지덧널무덤은 어떤 모습일까?

돌무지덧널무덤은 '돌무지'와 '덧널'로 이루어졌어요. 돌무지는 무덤 위에 봉긋하게 솟아오른 부분으로 오늘날의 봉분을 말해요. 덧널은 무덤 안에 관을 넣는 부분이에요.

그러면 덧널은 어떻게 만들었을까요? 우선 시체가 들어갈 나무널을 만든 후에 그 나무널보다 아주 큰 나무 덧널을 만들고, 그 다음으로 돌무더기로 나무 덧널을 덮었어요. 그리고 그 위에 흙으로 봉분을 만들었어요. 왕과 왕비, 왕족들의 무덤만 이렇게 만들었다고 해요.

▲ 신라의 대표적인 돌무지덧널무덤인 천마총

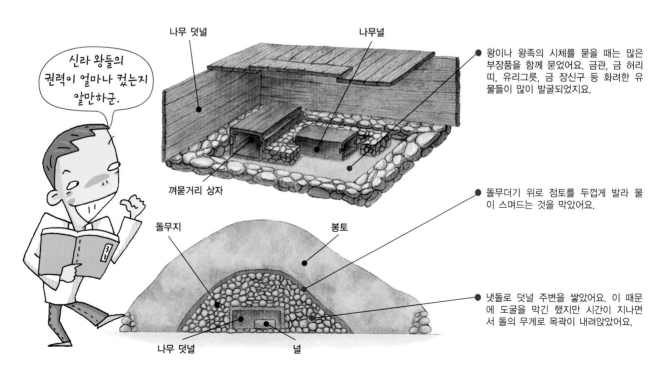

신라 왕들의 권력이 얼마나 컸는지 알만하군.

나무 덧널

나무널

꺼묻거리 상자

돌무지

봉토

나무 덧널

널

왕이나 왕족의 시체를 묻을 때는 많은 부장품을 함께 묻었어요. 금관, 금 허리띠, 유리그릇, 금 장신구 등 화려한 유물들이 많이 발굴되었지요.

돌무더기 위로 점토를 두껍게 발라 물이 스며드는 것을 막았어요.

냇돌로 덧널 주변을 쌓았어요. 이 때문에 도굴을 막긴 했지만 시간이 지나면서 돌의 무게로 목곽이 내려앉았어요.

🌸 도굴을 어떻게 막았을까?

돌무지덧널무덤은 일단 만들고 나
면 다시 파헤치기 힘들게 만들어졌
어요. 높이 솟아 있는 흙을 파기도
힘든데 관을 덮고 있는 돌무더기까
지 파헤치기는 정말 힘들지요.
그 덕분에 신라의 무덤에서는 많은
유물들이 원래 모습 그대로 발견되
었어요. 다만 무덤 속에 있던 벽화
는 나무로 만든 덧널이 무너져 내
리면서 없어진 것으로 추측되고 있
어요.

▲ 돌무지덧널무덤의 양식을 가장 잘 보존하고 있는 황남대총

🌸 알타이 족의 영향을 받았다?

정확한 이유를 밝히기는 어렵지만 나무 덧널을 얹은 것은 고대 기마 민족인 알타이 족의 문화라고
해요. 알타이 족이 나무로 목곽분을 만들기 시작했는데 그 전통이 신라로 옮겨 온 것으로 보여요.
나무로 덧널을 짜 넣는 방식과 당시 신라의 전통 매장 방식인 돌무덤 양식이 합쳐진 것이지요. 그래
서 나무로 된 덧널을 놓고 그 위에 냇돌을 얹은 것으로 생각할 수 있어요.

한국사
돌보기

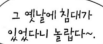
삼국 시대 사람들도 침대에서 잤다고?

그 옛날에 침대가
있었다니 놀랍다~.

먼 옛날 삼국 시대 사람들도 침대에서 잠을 잤다고 해요. 그것은 난방 기술
이 발달하지 않았기 때문이에요. 그래서 추위를 피하기 위해 침상을 높게 만들었
던 거예요. 그것이 바로 침대랍니다. 삼국 시대에도 온돌을 사용했지만 지금과는
다른 모습이고, 서민들이 주로 사용했던 것으로 보여요. 고려 시대에 들어와
온돌이 전국적으로 사용되었지만 왕족과 귀족들은 화려하고 사치스러운 문화
를 유지하기 위해 온돌을 사용하지 않은 것으로 보여요.

신라인의 냉장고, 석빙고

요즘은 냉장고가 있어서 한여름에도 얼음과 시원한 음료를 먹을 수 있어요. 그러면 냉장고가 없던 옛날 사람들은 어떻게 얼음을 얻었을까요? 놀랍게도 옛날에도 냉장고가 있었다고 해요. 바로 석빙고가 냉장고 역할을 한 거지요.

❀ 석빙고란?

석빙고는 얼음을 넣어 두던 창고예요. 겨울에 강에서 얼음을 잘라 여름에 사용할 수 있도록 서늘한 굴속에 보관하는 것이지요. 석빙고는 작은 경우에는 10평, 큰 경우에는 30평 정도이며, 저장한 얼음의 두께는 12센티미터 이상 되었어요. 신라 지증왕 때 땅속에 지었다고 하는데, 현재 남아 있는 석빙고는 조선 시대에 만들어진 것이에요.

▲ 조선 시대에 만들어진 경주 석빙고

석빙고의 안쪽은 열전달이 잘되는 화강암으로 만들었어.

▲ 경주 석빙고 내부

❀ 찬 기온을 유지하는 세 가지 비밀

첫 번째는 절묘한 천장 구조에 있어요. 화강암으로 만든 천장은 1~2미터 간격을 두고 4~5개의 아치형 모양으로 만들어졌어요. 그 사이에는 움푹 들어간 빈 공간을 두어 내부의 더운 공기를 빼냈어요.

두 번째는 위쪽에 설치된 환기구예요. 환기구는 더운 공기를 밖으로 빼내는 역할을 했어요. 더운 공기가 위로 뜬다는 특성을 이용한 것이지요. 이렇게 해서 석빙고 내부의 온도는 한여름에도 0도 안팎을 유지할 수 있었다고 해요.

세 번째는 물과 습기를 빠르게 밖으로 빼내는 배수로에 있어요. 또 빗물을 막기 위해 석빙고 바깥에 석회와 진흙으로 방수층을 만들었어요. 얼음과 벽 및 천장 틈 사이에는 밀짚, 왕겨, 톱밥을 채워 넣어 외부에서 들어오는 열기를 막았어요. 석빙고 위의 잔디는 열전달을 방해하는 효과가 있어요.

우리나라 역사 / 세계 역사

410

제19대 눌지왕 즉위 ➡ 417

박제상, 눌지의 아우 복호를 ➡ 418
고구려에서 구하고 미사흔을
왜국에서 탈출시킴

420 ⬅ 중국, 송나라 성립

427 ⬅ 도연명 죽음

화형을 당하는 박제상의 기록화

박제상은 왜에서 눌지왕의 동생인 미사흔을 구해 내고, 자신은 왜 왕에게 붙잡혀 화형을 당했어요.

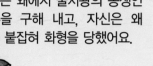

박제상은 죽음을 두려워하지 않았어.

430

나·제 동맹 맺음 ➡ 433

백성들에게 소를 이용한 ➡ 438 ⬅ 로마, 테오도시우스
농사법 가르침　　　　　　　　　법전 만듦

▲ 테오도시우스 2세

450

452 ⬅ 북위, 불교 공인

제20대 자비왕 즉위 ➡ 458

459 ⬅ 반달 족, 이탈리아 침입

수도 행정 구역을 6부로 나눔 ➡ 469

도연명의 〈귀거래사〉

도연명은 중국 동진 때의 전원 시인이에요. 당나라 이후 6조 최고의 시인으로서 그 이름이 높았어요. 주요 작품으로 〈오류선생전〉, 〈도화원기〉, 〈귀거래사〉 등이 있어요.

백제와 고구려를 막기 위해 ➡ 470
삼년산성을 쌓음

476 ⬅ 서로마 제국 멸망

백결 선생, 〈방아 타령〉 지음 ➡ 479

자연을 노래한 시가 많대.